AF242493

ALSACE ET LORRAINE

LE

DROIT POLITIQUE

ET INTERNATIONAL

RAPPORT

présenté au cinquième Congrès de la paix et de la liberté, tenu à Lausanne, le 29 septembre 1871, et suivi d'une appréciation des résolutions du Congrès,

PAR

LOUIS SIMON

DE TRÈVES

ancien avocat, ancien membre du parlement de Francfort.

———✦———

LAUSANNE

ROUGE ET DUBOIS, LIBRAIRES-ÉDITEURS

—

1871

Une édition allemande de ce rapport a paru chez M. Max
Fiala, libraire à Berne.

Lausanne — Imp. Georges Bridel

LE DROIT

POLITIQUE ET INTERNATIONAL

I. DROIT POLITIQUE.

I. Vieux droit, droit moderne, suffrage universel, majorité.

Si nous ne voulons plus du vieux droit divin, féodal et censitaire, il faut absolument que nous finissions par apprendre franchement et sérieusement à obéir aux principes fondamentaux de droit moderne. Tant que tous les différends individuels, politiques et sociaux ne s'arrangeront pas à l'amiable, il nous faudra bien une autorité pour les trancher. Nous nous faisons déjà forts de préparer la voie aux assises européennes appelées à éviter la guerre internationale, et nous ne serions pas encore d'accord sur l'autorité politique propre à conjurer la révolution et la guerre civile ? — Quelle est donc cette nouvelle autorité ? Eh bien, c'est la *majorité issue du fonctionnement libre du suffrage universel !* — C'est une vérité banale, mais hélas ! trop souvent méconnue. Elle a été méconnue le 31 mai et le 2 juin 1793, lorsque la Convention eut la main forcée d'exclure les Girondins ; elle a été mise de côté en 1848, le 15 mai, et pendant les journées de juin de néfaste mémoire ; elle vient de nouveau d'être foulée aux pieds par la récente insurrection de Paris. Je sais bien ce qu'on reproche aux Girondins, je sais ce que valaient la Constituante et la Législative de 1848 et de 1849, et je ne suis pas plus admirateur de l'assemblée de Bordeaux et de Versailles que du Reichstag du nouvel empire d'Allemagne. En général je ne me fais aucune illusion sur les résultats qu'a produits et que peut encore produire la majorité du vote de tous. Cette majorité n'est pas plus infaillible que le pape ou qu'un roi par la grâce de Dieu ; elle ne donne pas toujours gain de cause à la raison et à la justice ; elle est loin d'être la dispensatrice de la *vérité absolue*. C'est un défaut inséparable de toutes les institutions humaines, quelles qu'elles soient. Il n'y a pas de vérité absolue, il n'y a que des vérités relatives. Même les axiomes mathématiques, tels que celui qui affirme que la ligne droite est le chemin le plus court entre deux points, ne constituent des vérités absolues qu'en ce sens, que toutes les raisons saines sont aussi unanimes à les reconnaître que rebelles à toute conception contraire. Eh bien, s'il n'y a pas de vérité absolue, s'il n'y a que des vérités relatives, je n'hésite pas alors à me prononcer pour la vérité relative qui jaillit du libre concours de tous, et contre toute autre, imposée par des individus ou des classes privilégiées traitant leurs pareils comme vile pâte à pétrir. Le résultat que nous obtiendrons par le libre concours de tous, sera plus ou moins beau, j'en conviens, mais il reposera du moins sur la large base de la réalité.

De plus, et ceci est d'une importance capitale, le droit moderne a sur le droit ancien une supériorité décisive comme instrument d'instruction et de paix.

Les privilégiés vivent de l'ignorance des autres. Ils n'ont aucun intérêt à les faire participer à leurs lumières et à leurs expériences, au contraire, il est de leur intérêt de les en exclure aussi longtemps que possible. Sous le régime du suffrage universel, c'est précisément l'opposé. Pour gagner les votants, il faut leur exposer ses vues, il faut les instruire et les convaincre. Le droit divin, féodal et censitaire est donc *exclusif*, tandis que le droit moderne est *communicatif*. Par leur nature même ils tendent essentiellement l'un à la restriction, l'autre à la diffusion des lumières, l'un à l'appauvrissement, l'autre à l'enrichissement de l'intelligence publique.

Faut-il ajouter, que le suffrage universel combiné avec le principe de majorité offre aussi la meilleure garantie de la paix sociale? La majorité est plus qu'un chiffre ; depuis longtemps, et par la royauté même, elle est appliquée comme principe dans tous les degrés de la hiérarchie administrative et judiciaire, jusqu'aux arrêts de mort. Comment! la majorité ne représenterait qu'un chiffre et elle disposerait de la vie et de la mort des citoyens! A défaut de la vérité elle produit du moins la plus grande probabilité. En règle générale, elle représente aussi la plus grande force matérielle, et s'il en est ainsi, pourquoi ne pas lui reconnaître cet attribut une fois pour toutes, au lieu de tenter à chaque instant le sort des armes, afin de débrouiller qui est le plus fort ?

Il est bien entendu que la majorité ne saurait remplir ce rôle pacificateur qu'à la condition d'*être combinée, avec le suffrage universel.* Tant qu'en dehors du pays légal il y a des hommes privés de toute influence sur la confection des lois, il n'y a rien d'étonnant à les voir recourir aux moyens révolutionnaires. Il faut leur faire échanger le fusil contre le bulletin de vote. S'ils restent en minorité, il faut qu'ils prennent patience. Ils ne seront nullement obligés de renoncer à leurs idées. Ils conserveront le droit de les introduire dans la conscience publique par tous les moyens légaux d'une opposition pacifique. De cette façon, de minorité ils peuvent devenir majorité. Mais en attendant et jusque-là il faut qu'ils se soumettent et qu'ils obéissent. Cette patience et cette obéissance sont des vertus indispensables à tout vrai républicain. Ce n'est que par leur application que l'ordre et la liberté se maintiennent dans les deux républiques modèles du monde. Les citoyens des Etats-Unis et de la Suisse sont aussi obéissants à la nouvelle autorité bienfaisante et paci-

fique de leur propre création, que le plus fervent royaliste
ne peut l'être à l'autorité mystique du droit divin. Si nous
voulons faire prévaloir le droit moderne, il faut avant tout
nous approprier ces vertus républicaines qui, hélas! sont encore loin d'avoir poussé des racines assez profondes. Il y a de
grands et beaux pays où le premier devoir de toute minorité
battue paraît être de courir aussitôt aux armes. Il faut absolument que les partis extrêmes y changent de mœurs; sinon,
on y ira d'anarchie en anarchie à l'épuisement et à la déca-
dence.

Il faut hardiment mettre la main sur la plaie. Car il y va
de la vie ou de la mort. Qu'il soit dit bien haut : Aucun
parti, quelque fondées qu'il croie ses prétentions, aucune
classe, quels que soient ses griefs et ses doléances, n'a le
droit de se soustraire à la nouvelle autorité du droit moderne. La question sociale, aussi bien que toute autre question, doit passer par l'épreuve du suffrage universel et de la
majorité. Je n'ai pas la prétention de faire le procès à la
Commune de Paris. Il y avait certainement du vrai, et beaucoup de vrai, surtout à l'origine, à côté de beaucoup de faux
à la fin. Il me suffira de rappeler la lettre de M. Beslay,
membre et doyen d'âge de la Commune, pour démontrer
que même dans son sein il y avait des hommes reconnaissant les principes que je viens d'affirmer. J'insiste sur ce
point, parce qu'il y a aussi une école diamétralement opposée qui a proclamé au grand jour, il y a déjà vingt ans, que
la question sociale ne saurait être résolue que par la dicta-
ture du prolétariat en armes. En même temps cette école
s'efforçait de livrer au mépris et à la haine les libres institutions de la Suisse, en affirmant que si l'Allemagne pouvait
jamais se transformer en une Arcadie pareille, elle serait
arrivée au dernier degré de son humiliation. Comme on le
devine, ce n'est pas un Français qui a écrit ces lignes. Je
m'abstiens de prononcer des noms propres; il suffira de
nous séparer de ces doctrines aussi froides que malsaines,
qui ont déjà entraîné tant d'habiles et de braves ouvriers
dans la misère, la captivité, le désespoir et la mort.

II. Liberté, égalité.

On se sera sans doute aperçu que dans mon raisonne-
ment il reste une importante lacune à combler. Je n'ai pas
encore parlé des *libertés publiques,* telles que la liberté in-
dividuelle, l'inviolabilité du domicile, la liberté de la presse,
de réunion, d'association. Eh bien, il est de toute évi-
dence qu'à défaut de ces libertés, le suffrage universel ne
pourra jamais exercer l'influence salutaire dont je viens de
parler. En effet, à quoi de bon peut aboutir le suffrage universel, si les moyens légitimes d'agir loyalement sur la conscience
des électeurs nous sont enlevés, et si, par surcroît de mal-
heur, à l'absence déplorable de liberté vient encore s'ajouter cette haute pression administrative dont le gouvernement
personnel du second empire nous a fourni le plus récent et le
plus détestable exemple? Par là, le développement naturel
de la vie politique est arrêté, la santé du corps social est com-
promise, tout est faussé et corrompu, et il n'y a rien d'étonnant si des esprits sérieux préfèrent de beaucoup les libertés publiques sans le suffrage universel au suffrage universel
sans les libertés publiques. — Un corps électoral restreint,
sur lequel on peut agir librement, offre encore plus de
chances d'un développement sain et progressif, que tout un
peuple d'électeurs avec lequel les communications sont in-
terceptées. La Belgique, où il y a un petit cens électoral à
côté de libertés publiques assez étendues, continue à marcher sans secousse dans la voie du progrès. En Angleterre,
il y avait encore en 1866 cinq millions de citoyens exclus du
vote politique. Mais les libertés publiques l'ont emporté sur
les privilégiés, qui souscrivirent eux-mêmes à la réforme
électorale de lord John Russel.

Cependant il ne faut pas se tromper sur les dangers d'une
pareille situation. Si le parlement n'avait pas eu le bon sens
de s'incliner devant l'opinion publique, la question révolutionnaire se serait bien vite posée. Ce sera toujours la

même chose partout où il y aura encore des parias politiques. Du moment où ceux-ci sont arrivés à la conscience de
leurs droits et que les classes dominantes s'obstinent à les
exclure du vote, le danger révolutionnaire surgit aussitôt.
Sous Louis-Philippe, la France possédait à peu près ce
qu'on appelle les libertés nécessaires, mais il n'y avait que
250 000 privilégiés jouissant du droit électoral. Eh bien, les
libertés publiques n'ont pas suffi à faire comprendre aux
privilégiés qu'il fallait élargir le cercle du pays légal — ce qui
leur valut la révolution de février. Sous la république de
1848, MM. les burgraves, impatients de rétablir la royauté,
osèrent même revenir à la charge par la restriction du suffrage universel. Par là ils n'ont réussi qu'à préparer le
succès du coup d'état. Il faut espérer qu'ils seront maintenant définitivement guéris. Pour garantir le progrès pacifique, la liberté seule ne suffit pas, il faut encore *l'égalité
politique*.

Je dis égalité politique, et je n'ai guère besoin d'ajouter
qu'il y aura toujours des inégalités naturelles. Je n'entends
nullement combattre les avantages que la nature peut avoir
départis aux uns sur les autres. Au lieu de vouloir abolir
ces avantages naturels, il vaut mieux les reconnaître après
les avoir bien compris. C'est le meilleur moyen de se les
approprier dans une certaine mesure. En les reconnaissant
on ne s'humilie pas, au contraire on s'élève. En revanche,
le privilége de par la loi est à la fois blessant et nuisible. De
deux choses l'une : ou le privilége ne repose sur aucune
qualité supérieure du privilégié, alors il n'a pas de raison
d'être ; ou le privilégié possède des qualités vraiment supé-
rieures. Eh bien, qu'il ne discontinue pas alors de les faire
valoir, mais qu'il ne prétende pas à en profiter à l'état fos-
sile sans plus faire aucun effort. Ce qui fait l'essence du
privilége, c'est de pouvoir jouir de par la loi et sans se dé-
ranger. C'est une dispense de l'effort continu, c'est un lit
de repos préparé à la paresse.

III. Pouvoir exécutif, monarchie, république.

Parmi les diverses formes de gouvernement laquelle con-
viendra le mieux à un pays jouissant du suffrage universel,
des libertés publiques et de l'égalité devant la loi ? — Je ne
parlerai pas de la monarchie absolue , où , comme en Russie , un seul homme est maître de tout un peuple de droit
et de fait, limité seulement par les lois de la nature qui à de
trop fortes compressions font correspondre des explosions.
Je ne m'arrêterai pas non plus aux apparences constitution-
nelles dont jouit l'Allemagne , où un parlement a bien le
droit de discuter les lois, — ce qui, à coup sûr, n'est pas à dé-
daigner, parce que cela tend à répandre des lumières, — mais
où les forces publiques sont organisées de telle sorte que,
jusqu'à présent, le gouvernement a toujours été à même de
faire prévaloir sa volonté. Inutile de rappeler que tous les
succès récents de la Prusse remontent à un conflit constitutionnel antérieur à 1866 , marqué par une déroute complète
de la Chambre, ajoutons du pays, qui a fini par échanger la
politique des conquêtes morales contre celle « du sang et
du fer. » Cependant la logique de l'histoire fait déjà reparaître la nécessité des conquêtes morales. La conquête de
l'Alsace et de la Lorraine, escomptée par les armes , devra
nécessairement être consolidée par des moyens moraux, à
moins de faire naufrage au port.

En revanche , je m'arrêterai un instant au constitution-
nalisme vrai et sincère de l'Angleterre et de la Belgique. La
royauté n'y exerce pas seulement le pouvoir exécutif, elle y
participe aussi au pouvoir législatif au même titre que chacune des deux chambres. Quelle peut être la raison philosophique d'un pouvoir aussi exorbitant conféré à un seul
homme ? A ceux qui croient y trouver un élément de stabilité, je répondrai, l'histoire en main, que de tout temps les
rois ont été plus remuants que les peuples. « Quidquid de-
lirant reges, plectuntur Achivi. » — Mais on objecte qu'un

parlement peut méconnaître la volonté de ses commettants.
Comment alors faire prévaloir l'opinion publique sinon par
le droit de dissolution accordé à un roi constitutionnel ? Il
me semble que c'est un peu les brebis données à garder au
loup, parce qu'un roi, par sa position exceptionnelle et pri-
vilégiée, sera d'ordinaire plus éloigné de l'opinion publique
que les élus du peuple, et dans la plupart des cas beaucoup
plus enclin à se rallier au petit nombre des privilégiés
qu'au grand nombre du commun des mortels. Pour qu'il en
soit autrement, il faut des natures exceptionnelles. Et
si cette probabilité devient certitude, si, après une dissolution par le roi, le pays lui envoie les mêmes représentants,
si par là il est bien établi que c'est le roi et non pas le
parlement qui est en désaccord avec l'opinion publique,
qu'adviendra-t-il ? Le roi, armé de son droit constitutionnel
et de toutes les forces organisées du pouvoir exécutif, se
trouve alors face à face avec le parlement et le pays. Qu'on
ne me parle pas de la responsabilité des ministres. S'ils ne
s'associent pas aux intentions du roi, il les renverra et les
remplacera par des instruments dociles, ce qui est même
son strict droit constitutionnel. Ce n'est pas gai pour un
peuple, et j'ose affirmer que le désir secret de parer aux
inconvénients d'une telle situation a été pour beaucoup
dans la création de la garde nationale. L'existence, côte à
côte, de l'armée permanente et de la garde nationale est
l'expression armée du mensonge constitutionnel. En voulant
contrebalancer le danger on l'a augmenté. Ce sont de jolies
garanties de paix qu'on crée par ces poids et contrepoids
oscillant dans l'air et risquant à tout instant de s'entre-cho-
quer, au grand détriment de la société ! Abolissez donc la
garde nationale, je le veux bien, mais ne créez pas alors par
pur respect de l'opinion publique un pouvoir capable de
l'écraser. Pour faire sincèrement prévaloir la volonté du
peuple contre des écarts de ses représentants, il y a d'autres moyens, à la fois plus simples et plus efficaces. Ce sont
d'abord des périodes électorales raisonnablement raccour-
cies, c'est ensuite un droit de rappel sagement réglementé,

c'est enfin le remplacement du veto royal par le veto populaire, comme il fonctionne régulièrement en Suisse. Il faut avoir vécu en Suisse pour se rendre compte de la prodigieuse force de conservation qui repose au fond d'un peuple ayant besoin de travailler pour vivre. Et la France ne vient-elle pas de démontrer la même vérité à trois reprises consécutives? Qu'est-ce que signifiait le plébiscite avant la guerre? Amour de Napoléon III? — Non! Paix et pas de révolution! — Qu'est-ce que signifiaient les élections pour l'assemblée de Bordeaux? Légitimité ou royauté? — Non! Paix avec la Prusse! — Et les élections supplémentaires de juillet? — Maintien pacifique du statu quo républicain!

Je n'ignore pas que les familles royales d'Angleterre et de Belgique sont assez sages, et que ces deux pays ne feront certes pas de révolutions en l'honneur de la pure logique républicaine. On ne fait des révolutions que quand on y est contraint par des vexations insupportables. Or ce n'est pas le cas de l'Angleterre ni de la Belgique, où le veto absolu n'existe plus qu'à l'état de désuétude. Il y faudrait déjà un prince énergique, déviant tout à fait de la ligne de conduite de sa famille, pour pousser le peuple à la révolution. Mais quand on n'a pas besoin de recourir préalablement aux armes, quand on a table rase devant soi, vraiment je ne comprends plus alors, comment on peut s'obstiner à vouloir introduire des institutions qui, dans les pays qu'on veut imiter, ne se maintiennent que par le *non usage,* et dont l'usage y ferait infailliblement reparaître le danger révolutionnaire.

Le pouvoir exécutif une fois dépouillé de toute participation à la législation, la question de son hérédité et de son irresponsabilité diminue considérablement d'importance. Nous n'avons plus alors devant nous un être mystique doué d'autant de prévoyance, de sagesse et de désintéressement que tous les autres à la fois, plus de contrepoids transcendantal faisant partie d'un équilibre métaphysique et auquel on ne saurait toucher sans sacrilége et cataclysme imminent; nous n'avons plus affaire qu'à un mandataire investi de la confiance publique, par conséquent fort respectable, mais enfin à un simple mandataire dans l'acception la plus honorable de ce mot par le sens commun. Or quel banquier, quel industriel, quel commerçant s'ingénierait à engager un fondé de pouvoirs héréditaire et irresponsable? D'après le code civil un semblable contrat serait même contraire aux bonnes mœurs et frappé de nullité. Il n'y a ni irresponsabilité ni inviolabilité dans ce monde d'ici-bas. Chacun est responsable de ses œuvres. Tôt ou tard l'irresponsabilité factice devant la loi dégénère en responsabilité réelle devant la révolution, danger qu'il s'agit précisément d'écarter et non pas de provoquer. En ce qui regarde l'hérédité, à quoi bon la stabilité d'une personne quand nous avons reconnu que la stabilité des institutions doit être cherchée tout ailleurs? A l'objection que l'hérédité couperait du moins court à des compétitions dangereuses, je réponds que dans une république ces compétitions sont beaucoup plus légitimes et beaucoup moins dangereuses qu'on ne le pense. Dans tous les pays il y a des positions plus enviables que celle d'un président de république. Ce qui éveille les ambitions ardentes et les appétits malsains, c'est précisément la puissance extraordinaire et pour ainsi dire surnaturelle reconnue à la royauté. Finissons-en une bonne fois, dépouillons-la de ces attraits séduisants et il n'y aura rien de plus légitime ni de plus honorable que la compétition de la première magistrature républicaine. Du reste dans un pays de suffrage universel, de liberté et d'égalité politique, il n'y a aucune chance de durée pour une superfétation héréditaire et irresponsable. Elle ne saurait résister au choc du grand courant démocratique qu'à la condition d'être protégée par une couche de priviléges intermédiaires faisant la transition au droit commun. En d'autres termes il faudrait revenir de l'égalité politique.

Hâtons-nous de reconnaître franchement que, pour fonder solidement la république, toutes ces raisons ne suffisent pas, qu'il faut encore qu'elles soient bien comprises ou du moins bien senties par le peuple. C'est ici que se place le lieu commun mille fois répété que « le peuple n'est pas mûr pour la république. » Il paraît que l'on est toujours mûr pour la monarchie, ce qui n'est guère flatteur pour cette forme de gouvernement. Quoiqu'il en soit, il faut regarder la question en face. Est-ce que le suffrage universel est supérieur à la république ou la république est-elle supérieure au suffrage universel? Les partisans de la république quand même prétendent qu'il n'est permis à aucun peuple de renoncer une fois pour toutes au droit de pourvoir à la nomination du chef de l'état. Par là ils se sont attiré la dénomination railleuse de *républicains de droit divin*. Il y a cependant des libertés qualifiées d'inaliénables par la plupart des constitutions libres. Je ne cite que la liberté de conscience. Il y a aussi des institutions dont l'introduction a été à tout jamais défendue par ces mêmes constitutions. Le simple code civil défend à qui que ce soit, d'engager ses services autrement qu'à temps ou pour une entreprise déterminée, et l'affirmation de l'inadmissibilité de l'esclavage devient heureusement de plus en plus générale. Il peut donc y avoir des libertés inaliénables sans que pour cela elles soient forcément de droit divin. Cette inaliénabilité dépend de l'état de la conscience publique et du degré de son énergie. En Suisse et aux Etats-Unis, les constitutions fédérales garantissent aux cantons et aux états particuliers la forme républicaine, ce qui implique la défense d'introduire la royauté. Quand d'autres pays seront arrivés au même degré de conviction, ils feront de même. C'est un travail à accomplir, dont j'accepte volontiers ma part. Mais en attendant qu'il soit bien fait, nous devrons bien reconnaître que la république n'est pas inaliénable. Elle est encore moins de droit divin, elle est de droit humain, et le droit humain se fait par la majorité des hommes. Rien de plus fâcheux sans doute que de voir ses semblables aveuglément renoncer au bénéfice de la table rase et en appeler de rechef au roi soliveau des grenouilles. Cependant je suis d'avis qu'une minorité républicaine recourant aux armes afin de soumettre une majorité monarchique, serait plus coupable que celle-ci. La paix avant tout, bien entendu la paix avec dignité par la liberté, mais la liberté de l'un limitée par l'égale liberté de l'autre et soumise au suprême verdict de la majorité.

Maintenant, il y a encore une observation à faire, c'est que le président d'une république peut aussi bien abuser de sa position exceptionnelle qu'un prince constitutionnel. Napoléon III n'était que président d'une république, ce qui ne l'empêcha pas de faire son coup d'état. S'ensuit-il qu'il faut encore aggraver par la loi cet inconvénient de fait? Au contraire, c'est une raison de plus pour enlever au pouvoir exécutif tout ce qui pourrait le mettre à même de s'élever au-dessus de la loi du pays. C'est ainsi qu'en Suisse et aux Etats-Unis on est arrivé à inscrire dans les constitutions des prescriptions pour prévenir l'abus de la force armée par le pouvoir exécutif. Le *bill of rights* des Anglais renferme des dispositions analogues. Cependant il peut naître des circonstances où ces dispositions risqueraient de rester à l'état de lettre morte, si elles n'étaient pas secondées par l'organisation générale du pays, particulièrement par l'autonomie de la commune et des grands groupes collectifs garantissant l'ubiquité de la vie politique contre son absorption par le centre.

IV. Fédération, Décentralisation, Conclusions.

Nous voilà arrivés aux grandes questions de fédération et de décentralisation qui, envisagées de près, ne font qu'une seule et même question et ne diffèrent que par le point de départ imposé par les faits. Là où il y a encore des groupes indépendants, on peut procéder de bas en haut, c'est-à-dire fédérer. Là où le centre a déjà tout dévoré, il faut procéder de haut en bas, c'est-à-dire décentraliser. Je m'abstiens d'appuyer de nouveau sur la valeur intrinsèque de ces principes salutaires qui ont été mûrement examinés et affirmés par nos congrès précédents. Je me borne à constater que depuis lors la France a fait un pas significatif dans la voie de la décentralisation. Fatiguée des vicissitudes de coups d'état et des révolutions, la France vient d'adopter une loi départementale ayant pour but de ressusciter la vie provinciale. L'ancienne province étant détruite, il a fallu s'en tenir au département. Je sais bien qu'au vote sur cette loi, la gauche s'est divisée, Qui de nous n'aurait pas lu la déclaration d'Edgar Quinet, si remarquable par son esprit à la fois historique et philosophique, si émouvante par sa bonne foi et sa franchise républicaines ? — Mais après cette déclaration, la loi a encore été amendée, elle n'est pas immuable, la loi communale est réservée, et après tout je ne puis pas m'empêcher de regarder ce pas décisif, fait par une majorité considérable, comme un acheminement sérieux vers un meilleur avenir. Il est possible que la loi profite d'abord à l'aristocratie rurale, plus influente dans les campagnes que le parti démocratique. Mais tant que le suffrage universel, les libertés publiques et l'égalité devant la loi subsisteront partout, dans le département aussi bien qu'au centre, le parti démocratique pourra toujours gagner du terrain en luttant, et j'avoue franchement que, pour ma part, j'aime beaucoup mieux qu'il l'emporte par un travail intellectuel continu que par des décrets venant d'en haut. Que le développement d'un pays soit plus ou moins avancé, plus ou moins lent, ce n'est certes pas indifférent. Mais ce qui importe beaucoup plus, c'est qu'il soit naturel, sain et solide. Le principe de l'ubiquité de la vie politique appartient à un ordre d'idées beaucoup plus élevé que les questions de parti et de tactique. Il n'est pas permis de rester centraliste tant que la république sera au centre, pour ne devenir décentralisateur que quand s'y trouvera la monarchie. — Est-ce que le principe fédéraliste ne comptait pas pour beaucoup même dans l'origine du mouvement communaliste ? Seulement on avait beau vouloir se fédérer ; ce qui faisait défaut, c'était la matière première de toute fédération, les groupes collectifs indépendants. C'est pourquoi la Commune de Paris commença par s'affirmer elle-même et à inviter à la même résurrection toutes les communes sœurs de la France. J'ignore ce qu'elle eût fait si le centre ne lui avait pas échappé ; mais je sais qu'une fédération de trente-huit mille communes est chose moins facile que la fédération des communes aux Grisons. En tout cas on n'aurait pu conserver l'unité de l'état sans passer par des groupes collectifs moins nombreux, mais plus grands, servant d'intermédiaire entre les communes et l'état. Je ne m'effraie pas même de l'amendement Tréveneuc, ni de l'éventualité d'une seconde chambre, tirée des conseils généraux et calquée sur le sénat américain ou le Conseil des états en Suisse. Une pareille chambre serait de beaucoup préférable au sénat napoléonien, pâle doublure du gouvernement personnel, de même qu'à une chambre de pairs, expression du privilége. Elle représenterait la diversité, élément naturel, à côté de l'unité, élément social. Tant que cette chambre ne sera pas créée, la diversité locale restera même à la merci de l'unité centrale. Ce qu'une chambre unique a fait, elle peut aussi le défaire. Qui est-ce qui pourvoira alors à la protection législative de la diversité ?

Ce revirement de l'opinion publique en France, quelles leçons ne contient-il pas pour l'Allemagne, qui a permis à une main téméraire de rayer de son histoire d'un seul trait de plume l'indépendance séculaire de cinq états frères ! Libre à des esprits peu profonds de n'y voir que la chute du roi de Hanovre et de l'électeur de Hesse. L'un de nos plus célèbres historiens et littérateurs, le professeur Gervinus, mort il y a peu de temps à Heidelberg, en a pensé tout autrement. Il n'a pas voulu descendre dans la tombe sans avoir énergiquement protesté contre cette déviation déplorable du vrai génie historique de l'Allemagne. En attendant que le cours ultérieur des événements lui donne raison, la foule s'amuse à répéter des lieux communs comme celui-ci : « Il a fallu qu'on nous mette d'abord sous le même chapeau, il viendra bien un Tell allemand pour l'abattre ! » Eh bien, la France centralisée a eu beau abattre le chapeau une, deux, trois, quatre fois ! Elle l'a même un instant remplacé par le bonnet phrygien, et la voilà aujourd'hui réduite à rappeler à la vie ce que l'Allemagne vient de détruire.

Faut-il encore que je fasse mention des tendances malsaines qu'on s'efforce récemment d'inculquer aux ouvriers suisses? La Suisse est certainement loin de prétendre à la perfection. Il peut y avoir encore bien des abus à extirper, bien des lacunes à combler, bien des fonctions à faire passer des cantons à la Confédération. Mais il y a loin de là à conclure à l'abolition du Conseil des états, à la suppression de toutes les constitutions cantonales, en un mot à la destruction des organes mêmes par lesquels s'est maintenue et développée au milieu de l'Europe monarchique la liberté séculaire et glorieuse de la Suisse. Le Conseil des états et les cantons prendront bien garde de se suicider, et des ouvriers républicains suisses ne voudront certainement pas en appeler aux hauts faits d'un unificateur césarien, afin de faire mettre à la place de leur noble confédération libre l'assujettissement de tous par un seul.

Voilà ce que j'avais à vous dire sur le droit politique. Je me permets d'en tirer les conclusions suivantes et de les recommander à votre adoption, avant de passer à la question internationale :

1o L'obéissance aux verdicts du suffrage universel, librement prononcés par la majorité, est le premier devoir du citoyen.

2o Tant que les libertés publiques et l'égalité devant la loi sont intactes, toute prise d'armes d'une minorité contre la majorité est un crime.

3o La question sociale et celle de la république sont, au même titre que toutes les autres, subordonnées à cette suprême autorité du droit moderne.

4o L'ubiquité de la vie politique, maintenue par la fédération ou rendue par la décentralisation aux groupes collectifs naturels d'un pays, est une condition essentielle de la santé et de la solidité de son développement.

II. DROIT INTERNATIONAL.

Je me suis étendu un peu longuement sur le droit politique. C'est qu'il nous faut d'abord trouver un appui solide dans les états particuliers, avant que nous puissions sérieusement penser à la fédération pacifique des Etats-Unis de l'Europe. Aussi n'ajouterai-je que peu de chose aux thèses générales de droit international que notre ligue a déjà affirmées. Par le temps qui court il vaudra mieux s'occuper de la réalité des choses, en dégager les véritables causes et se rendre un compte exact de la nouvelle situation douloureuse créée à l'Europe par la récente guerre, que nous avons en vain combattue depuis l'origine de notre ligue.

I. Le peuple français excusable.

Il y a encore trop d'Allemands qui persistent à prétendre que la France a été unanime à réclamer la guerre. Comment! on ne sait donc pas que la France compte deux tiers à trois quarts de paysans qui ne demandent pas mieux que de soigner leur bétail, cultiver leurs champs, récolter leurs blés et leurs vins, afin de les vendre à des prix avantageux ! J'ose même affirmer *a priori*, qu'aucun paysan de l'Europe ne désire la guerre à moins d'être attaqué dans ses foyers. Qu'on ajoute aux paysans de la France ses industriels et ses commerçants préoccupés de leurs vastes affaires, ainsi que ses ouvriers désireux de prendre une plus large part aux bénéfices de leurs patrons, et qu'on me dise, la main sur la conscience, s'il est raisonnable d'admettre que tous ces intérêts immédiats ont été moins brûlants que l'envie de repousser une candidature au trône d'Espagne ou d'empêcher l'unité allemande ! Il me sera facile de démontrer le contraire. Que l'esprit positif et scrutateur de mes compatriotes veuille bien, au lieu de se payer de généralités, aller au fond réel des choses et se donner la peine d'examiner le véritable caractère de la dernière chambre impériale qui a voté la guerre. Malgré la haute pression administrative du gouvernement personnel, le parti ami de la liberté et ennemi de la guerre y arriva pour la première fois en minorité respectable. Même la majorité factice issue des candidatures officielles ne dut son succès qu'à des promesses pacifiques faites à ses électeurs. Qu'on veuille seulement se reporter aux professions de foi d'alors, et l'on verra qu'à quelques exceptions près elles furent unanimes à réclamer le maintien de la paix. De même le ministère Ollivier s'empressa de faire précéder son plébiscite d'une proclamation éminemment pacifique de l'empereur. Personne ne se méprenait donc sur ce qu'il fallait dire au pays, pour être agréé par lui. Ajoutez à cela les rapports des préfets impériaux, publiés après coup par le gouvernement du 4 septembre, et vous vous convaincrez à ne pas en douter, que la grande majorité des départements répugnait à la guerre.

Pourquoi donc le gouvernement impérial l'a-t-il déchaînée ? Est-ce qu'il était charmé de trouver enfin par la question d'Espagne un prétexte guetté depuis longtemps ? D'autres inclinent à croire que c'est plutôt à contre-cœur et par un plus habile que lui qu'il fut entraîné dans un piége. Laissons à l'avenir le soin de trancher cette question. Ce qui me paraît évident dès à présent, c'est que l'empereur craignait sérieusement qu'en reculant tant soit peu dans la question espagnole, il ne compromît sa dynastie en France. Je crois même que cette crainte était bien fondée, ce qui ne veut pas dire que l'opposition poussât à la guerre. Au contraire elle poussait à la liberté. Mais la liberté n'eût guère longtemps tardé à engloutir l'empire, une fois déconsidéré dans l'armée, son principal appui. Cet appui lui échappant à Sedan, il s'écroule immédiatement, et qui est-ce qui arrive au pouvoir? Les hommes qui depuis vingt ans ont combattu en faveur de la liberté et contre toutes les entreprises injustes, qui ont protesté contre la guerre du Mexique, plaidé la cause de l'Amérique du Nord, désapprouvé l'occupation de Rome, défendu la Belgique contre des velléités annexionnistes et voté contre la déclaration de guerre à l'Allemagne. Il est vrai que la plupart d'entre eux ont fini par voter les crédits demandés pour la guerre. Thiers, malgré sa vive résistance au vote de guerre, ne les a pas refusés non plus. Au lieu de les en blâmer, tout homme impartial, n'importe de quelle nation, reconnaîtra que le vote le mieux fondé d'une minorité contre une guerre n'implique en aucune façon le devoir de refuser aussi les moyens de combattre aux enfants du pays obligés d'obéir au vote de la majorité. Au contraire, la guerre une fois déclarée, il est tout à fait naturel que le pays entier s'efforce ardemment à la faire bien aboutir. Gambetta a non-seulement voté les crédits demandés, mais la guerre elle-même, j'en conviens. Mais ce vote est loin d'impliquer des velléités de conquête. Plusieurs années avant la guerre, je l'avais entendu se déclarer chaud partisan du droit des populations de disposer d'elles-mêmes et adversaire décidé de toute conquête. La nouvelle école démocratique tout entière, dont les chefs arrivèrent au pouvoir le 4 septembre, avait depuis longtemps reconnu que l'ancien rêve de la conquête du Rhin était contraire au triomphe de leurs principes, en France comme en Europe. Déjà dans l'œuvre posthume de Proudhon, *France et Rhin,* nous lisons qu'il n'y avait guère que les attardés du chauvinisme qui s'entretenaient encore des frontières du Rhin. Ce malheureux Gustave Chaudey, qui fut un des plus fervents promoteurs de notre ligue, n'a-t-il pas, au premier congrès de Genève, du haut de la tribune, prononcé les paroles suivantes : « Nous ne désirons pas avoir le Rhin, nous désirons au contraire ne l'avoir jamais. Ce serait un mal pour nous. Le Rhin ne nous appartient pas, il doit rester aux Allemands. » Et tous les assistants français d'applaudir, sans qu'aucune voix opposante se soit élevée de leurs rangs, qui se composaient cependant d'un grand nombre d'hommes très distingués et appelés ensuite à des rôles importants par le gouvernement du 4 septembre. Eh bien ! je le demande à tout homme sincère et impartial : Cette France agricole, industrielle, commerçante, ouvrière, qui n'avait pas voulu la guerre, débarrassée du gouvernement personnel qui l'y avait poussée, et dirigée par des hommes nouveaux d'un esprit tout opposé, est-ce que cette France ne présentait pas des éléments bien favorables à la conclusion d'une paix sincère et solide avec l'Allemagne? Jules Favre se hâta de reconnaître par deux circulaires successives la responsabilité de la France pour les dommages causés à l'Allemagne. Il se rendit ensuite à Ferrières pour y faire à M. de Bismarck cette offre assez humble : « Nous vous donnerons tout l'argent que nous avons. »

Six semaines avaient suffi à l'Allemagne pour triompher de toute l'organisation bonapartiste et pour forcer la France à venir lui demander la paix. Il a fallu encore six mois, remplis d'horreurs et de carnage, pour achever la conquête de l'Alsace et d'une partie de la Lorraine. Jusqu'à Sedan l'Allemagne attaquée dans ses frontières n'avait fait que se défendre, elle n'avait violé aucun principe, elle était restée à la hauteur de sa philosophie et de sa littérature, tout en étonnant le monde par sa virilité et sa discipline. Il n'y avait plus aucun danger d'immixtion étrangère dans ses affaires intérieures, elle avait l'approbation générale de toute l'Europe, et même en France tous les bons esprits se seraient vite ralliés au besoin général de repos, en réagissant contre une revanche chauviniste des plus mal fondées.

Maintenant, on possède quelques bandes de terre de plus et l'on pourra à plaisir en multiplier les fortifications. Mais il n'y a plus aucun principe debout. Qu'après un changement de fortune la France vienne prétendre au Rhin, le panslavisme à des pays germanisés jadis possédés par lui, cela suffira pourvu que le réclamant le juge utile à sa défense. En s'annexant l'Alsace et la Lorraine, sans tenir aucun compte des antipathies hautement proclamées de leurs habitants, l'Allemagne a trahi sa grande renommée libérale et humanitaire, renié ses plus grands penseurs et perdu les sympathies de l'Europe. Par les six mois de sacrifices énormes imposés au peuple allemand afin de parer à des dangers ultérieurs, on a précisément créé ces dangers. Dans toute la France, depuis ceux qui ne savent ni lire ni écrire jusqu'aux savants, depuis le paysan jusqu'au plus riche banquier, depuis l'ouvrier jusqu'aux plus hauts dignitaires de l'état et des églises de tous les cultes, il n'y a pas un homme, entendez bien, pas un qui ne soit profondément convaincu du grand tort fait par l'Allemagne à la France. A cela on aime à répondre en Allemagne que tous les Français sont fous ou pourris, tous les Français, bien entendu, paysans, citadins, négociants, savants, catholiques, protestants, juifs! Vraiment à une nation aussi grave que l'Allemagne il conviendrait mieux de réfléchir sérieusement sur ce phénomène extraordinaire qui, du reste, et par surcroît de miracle, est parfaitement bien compris par toutes les autres nations du monde.

II. Le peuple allemand, après Sedan, excusable.

En revanche il n'est pas moins affligeant d'entendre des Français infliger trop légèrement les épithètes de *barbares* et de *cannibales* à tous les Allemands sans distinction. Je sais malheureusement trop bien ce que l'armée allemande a perpétré en France. L'histoire impartiale en fera la juste répartition entre les fils du peuple et leurs chefs. En attendant, il ne faut pas oublier que tous ces barbares vaquaient tranquillement à leurs affaires sans faire de mal à personne, quand la déclaration de la guerre vint subitement les arracher à leurs foyers, aux champs, aux ateliers, aux bureaux, aux universités, à la famille. On n'avait éprouvé aucun enthousiasme pour la candidature d'un Hohenzollern au trône d'Espagne, mais la persistance du gouvernement français après le retrait de cette candidature mit au comble la colère du peuple allemand, qui dès lors fut fermement convaincu qu'on en voulait à ses frontières. J'avais toujours dit à nos amis français qu'une attaque de l'empire trouverait l'Allemagne parfaitement unie au sud comme au nord, à l'ouest comme à l'est. Tout se déroulait maintenant avec la puissance d'un phénomène naturel. L'Allemagne ne connaissait pas suffisamment la véritable France, la France connaissait encore moins la véritable Allemagne. Les faibles notions qu'on avait les uns des autres furent encore obscurcies par le dénigrement réciproque, les tristes détails de la lutte, exagérés par le mensonge , la haine de peuple à peuple fut prêchée à outrance, la raison, entièrement submergée par la passion. Après Sedan, cet orage terrible de passions fut cependant traversé par un faible rayon de raison. L'Allemagne retentit de quelques voix en faveur de la paix. Des ouvriers, des penseurs, quelques journaux, essayèrent de faire prévaloir l'esprit de conciliation. Même au milieu des classes aisées on n'était rien moins que fixé sur l'utilité de l'annexion de l'Alsace et de la Lorraine. Au moindre revers des armées allemandes, après Coulmiers, à l'approche de l'armée de Bourbaki, ces incertitudes se réveillèrent. Mais toute velléité pacifique, humanitaire et de prudence fut aussitôt écrasée par l'inexorable résolution de la Prusse d'exploiter à fond la faveur extraordinaire des circonstances. Quiconque connaît l'histoire de l'Allemagne, n'ignore pas que la Prusse s'est de plus en plus emparée de ses destinées. Maintenant que cette puissance venait de rendre des services éclatants, de remporter des succès inouïs, il était plus difficile que jamais d'arrêter son autorité accrue. Bon nombre de vieux démocrates se résignèrent à escamoter la question politique, en prétextant que les chefs militaires étaient seuls compétents à résoudre des questions concernant la sécurité des frontières. En un mot, il n'y avait pas moyen de changer le courant. Du moment où cette impossibilité était évidente et qu'il n'y avait plus de doute sur les intentions bien arrêtées de la Prusse, toute l'Allemagne redoubla d'efforts pour s'assurer la victoire définitive. Est-ce qu'on saurait lui en vouloir ? Est-ce que tous les Français, partisans ou adversaires de la déclaration de guerre, n'ont pas agi de même ?

L'Allemagne, pas plus que la France, n'a été maîtresse de ses destinées. Toutes les deux ont été réduites à épiloguer aux faits accomplis ou aux desseins bien arrêtés par leurs gouvernements. Pour être capable d'éviter des injustices, il faut d'abord être maître de soi-même, avoir le premier mot dans ses affaires, comme la Suisse, l'Amérique, l'Angleterre, la Belgique et d'autres états vraiment constitutionnels. *Si vis pacem, para libertatem !*

III. Les vrais coupables et leurs véritables motifs.

A. *Haine de la révolution française.*

Personne ne voudra contester que le peuple français, par ses trois révolutions de 1789, 1830 et 1848 et leur influence sur l'Europe entière, n'ait porté des coups poignants au parti féodal en Prusse. Il n'y aurait donc rien d'étonnant que celui-ci eût voulu à son tour frapper au cœur son adversaire détesté. Heureusement qu'on a fait fausse route, si l'on a cru écraser la république en lui refusant une paix honorable. C'est précisément par l'énormité des malheurs infligés à la France qu'on a du même coup écarté toute possibilité de restauration bonapartiste et forcé les royalistes à ajourner leurs prétentions. Une certaine pudeur, plus noble que leurs blasons, empêche la plupart de ces derniers de mettre en première ligne leurs intérêts de parti. La réparation des malheurs de la France continue donc à s'opérer au nom de la république. Cela me rappelle les paroles de Mephisto dans le *Faust* : «Je fais partie de cette force qui veut toujours le

mal et qui fait toujours le bien. » Maintenant les hommes
d'état prussiens font bonne mine à mauvais jeu. Ils semblent même favoriser la nouvelle république qu'ils n'ont pas
réussi à écraser. Peut-être qu'ils pensent qu'une république
décentralisée sera plus lente à prendre sa revanche qu'un
fort pouvoir concentré. En cela ils peuvent avoir raison.
Mais si cette république de 38 millions d'âmes reste debout
et marche bien, la revanche *morale* avec toutes ses consé-
quences sera d'autant plus formidable.

B. *Principe des nationalités.*

Pour justifier l'annexion de l'Alsace et de la Lorraine, on
ne s'est pas servi du principe des nationalités, du moins pas
officiellement. Cela aurait pu éveiller les susceptibilités de
plusieurs autres états, notamment de la Russie, où il y a
également des provinces allemandes. On préféra abandonner
cette arme aux chauvinistes allemands qui l'enfoncèrent
dans leurs propres entrailles, en abaissant la liberté et le
droit des populations de disposer d'elles-mêmes en l'honneur de la simple nationalité.

Qu'est-ce qui constitue la nationalité? L'origine, la langue, le chez-soi. Ce sont là des éléments naturels, dont par-
ticipent aussi les animaux, du moins dans une certaine mesure. Un troupeau de moutons descend de la même race,
bêle de la même façon, pâture dans les mêmes champs et
rentre le soir dans le même enclos. Que le ciel me garde de
vouloir me moquer de la nationalité. Les éléments naturels
qui la composent, sont très respectables et — ce qui les rend
encore plus intéressants — excessivement forts. Après le
germanisme, le monde slave serait bien capable de nous en
fournir une démonstration amplifiée. La seule chose que je
veux affirmer, c'est que ceux qui se servent de ces puis-
sants éléments pour faire rétrograder la conscience humaine
nous rapprochent plutôt du règne animal. Si la nationalité
était supérieure à la liberté et au droit des populations de

disposer d'elles-mêmes, en un mot à la dignité humaine, la Suisse n'aurait rien de plus pressé à faire que de se dissoudre au profit de la France, de l'Allemagne et de l'Italie. Je ne suis pas de cet avis. Au contraire, elle me semble remplir une mission beaucoup plus élevée en enseignant par son exemple comment plusieurs nationalités, malgré la diversité de leur origine et de leur langue, peuvent tranquillement vivre ensemble et marcher dans la voie du progrès.

C. Légitime défense.

Le principal argument officiel de la Prusse pour justifier l'annexion de l'Alsace et de la Lorraine, est emprunté à la prétendue nécessité de la légitime défense. Pour savoir à quoi s'en tenir là-dessus, il faudrait remonter aux prescriptions du droit. Mais vous savez qu'il n'y en a pas, si ce n'est le droit du plus fort. La Prusse aurait parfaitement pu s'appuyer sur le droit de conquête. Aucune loi internationale ne s'y oppose. Ouvrez un compendium du droit des gens, la conquête y figurera parmi les modes légitimes d'acquisition. C'est donc par pure déférence pour la conscience publique que la Prusse a invoqué le droit de légitime défense. Mais donner le change à la conscience publique, est chose moins facile qu'on ne le pense. Le droit privé ainsi que le droit naturel, source de tout droit positif, ne reconnaissent que la nécessité actuelle de la légitime défense. Il faut que l'attaque soit imminente ou persistante, et la défense préventive n'est permise que contre des dangers tout à fait certains. De plus, la défense ne doit pas dépasser les limites du strict nécessaire. Quand j'ai paré un coup, terrassé et réduit à l'impuissance mon agresseur, je n'ai pas le droit de lui couper encore un bras, en prétextant la possibilité d'une nouvelle attaque dans cinq, dix ou vingt ans. C'est à peu près ce que l'Allemagne a fait à la France. Il est cependant à la connaissance de tout le monde qu'en 1792 ce ne fut pas la révolution qui attaqua l'Allemagne, mais le féodalisme alle-

mand qui, sous un généralissime prussien, envahit la France.
Il n'est pas moins connu qu'en 1848 la France ne songea pas
à prendre sa revanche de 1813 et 1814 ni à s'emparer du
Rhin, mais qu'en son nom Lamartine tendit une main fra-
ternelle à l'Allemagne. Depuis lors il a fallu vingt ans d'un
règne aussi oppresseur que détesté, pour qu'après cin-
quante-six ans de durée la paix avec l'Allemagne ait pu être
rompue.

IV. La théorie des deux morales.

C'est un spectacle singulier de voir tous les jours les puis-
sants de ce monde violer impunément des principes qu'ils
prétendent cependant faire observer dans la vie privée.

Le Président de la République française, après avoir solen-
nellement juré de maintenir cette forme de gouvernement,
se parjure publiquement devant la France, l'Europe, le
monde. Le lendemain, il s'imagine pouvoir lier par le serment l'armée, les fonctionnaires et jusqu'aux représentants
du peuple.

En Allemagne on affiche de vouloir rendre son indépendance au Schleswig-Holstein, et on finit par l'empocher. On
se dit menacé par l'Autriche inoffensive, afin de justifier une
attaque préparée de longue main contre elle, et on la met
à la porte de l'Allemagne. Par le traité de Prague on con-
tracte des engagements qu'on ne songe jamais à remplir.
On dit d'abord que le bon grand peuple français a été poussé
à la guerre par son détestable gouvernement. Quand ce gouvernement est tombé, on fait dire exactement le contraire.
C'est alors le bon gouvernement qui a été poussé à la guerre
par le détestable peuple. On fait des conquêtes par légitime
défense contre un adversaire impuissant de se défendre.
Vraiment « à côté de pareilles fins et de pareils moyens, les
théories les plus décriées de l'Italien qui érigea en principe
l'affranchissement de la politique de toute loi morale, rega-

gnent un certain air de moralité. » C'est ainsi que s'écria avant de mourir l'illustre Gervinus, que nous ne saurions jamais assez regretter.

On n'en entend pas moins dans la vie privée maintenir le respect de la vérité et de la justice, le mépris du mensonge et de la fraude, la sainteté des conventions. Il a fallu faire le coup d'état pour sauver la société, il a été impossible de différer plus longtemps l'unification de l'Allemagne! La fin justifie les moyens et la morale, bonne pour le commun des mortels, est inapplicable aux hommes d'état obligés de réussir! Mais je vous dis: Non! La fin ne justifie pas les moyens, pas plus dans la vie publique que dans la vie privée. La fin et les moyens ne font qu'un, ce ne sont que les termes d'un seul et même développement, et l'emploi de moyens impurs suffit à empoisonner tout un développement jusqu'au bout. Non, il n'y a pas deux morales, il n'y en a qu'une. Cette morale devra de plus en plus s'élever de la vie privée dans les hautes régions politiques et internationales et finir par y triompher de l'immoralité, ou bien cette dernière, en continuant à s'étaler impunément en haut lieu, finira par descendre et s'infiltrer dans la vie privée, où elle corrompra toute notre civilisation.

V. Le rapprochement de la Prusse et de l'Autriche.

En attendant, la diplomatie prussienne s'efforce à se créer de nouvelles alliances. Après les remercîments chaleureux adressés à l'empereur de Russie pour les bons services rendus pendant la guerre, par l'intimidation de quiconque aurait pu intervenir en faveur de la France, on paraît maintenant plutôt disposé à se rapprocher de l'Autriche. La Russie semble avoir eu un pressentiment de cette volte-face. C'est probablement pour cela qu'elle a enlevé de haute main et encore pendant la lutte la déneutralisation de la mer Noire. Elle se rappelait sans doute la sourde oreille que

M. de Bismarck avait opposée à toutes les obsessions napo-
léoniennes, la neutralité de la France contre l'Autriche une
fois exploitée. Du reste le rapprochement de la Prusse et de
l'Autriche, opéré à Gastein et à Salzbourg, est aussi naturel
que logique et salutaire. Il marque un temps d'arrêt dans
l'emploi brutal du principe des nationalités. M. de Bismarck,
de concert avec la Russie et en profitant de la faiblesse de la
France et de l'effacement de l'Angleterre, aurait pu tenter la
dislocation de l'Autriche. La monarchie des Habsbourg aurait
certainement eu de la peine à résister au levier national mis
en mouvement à la fois par les Slaves et les Allemands.
On ne saurait donc lui en vouloir qu'elle se prête à une
entente avec l'Allemagne. Il faut seulement espérer qu'elle
saura se garantir de nouvelles volte-face, en refusant de
prendre des engagements capables de lui aliéner la France,
dont un jour elle pourrait avoir grand besoin. L'Allemagne
se rappochera d'elle tout de même. Le danger de l'entente
russo-prussienne n'est pas aussi grand qu'on le pense,
du moins pas pour le moment. Disloquez l'Autriche, soit
directement, soit en commençant par la Turquie, et le pan-
germanisme risque aussitôt d'en venir aux mains avec le
panslavisme. L'Allemagne ne peut guère négliger les bouches
du Danube, elle peut encore moins sacrifier la ligne de
Kœnigsberg à Trieste. Aucun parti en Allemagne ne consen-
tira jamais à renoncer à la Bohême, qui s'enfonce en coin
jusque dans le cœur de l'Allemagne. En revanche le panslavisme n'est pas plus disposé à abandonner son avant-garde
intelligente, les Tchèques, qui forment les trois cinquièmes
de cette importante province. Avant de disloquer l'Autriche,
il faudrait donc se mettre préalablement d'accord sur la
liquidation de sa succession, ce qui n'est rien moins que
facile. Sans cette entente préalable, la situation de l'Allemagne serait d'autant plus menacée qu'il faudrait appréhen-
der la revanche de la France. Voilà à mon idée les motifs du
rapprochement austro-prussien.

Le temps d'arrêt résultant de ce rapprochement permettra
à l'Autriche de travailler à sa régénération par l'application

progressive du principe fédératif. Voici donc l'unitarisme
impérial de la Prusse, après avoir créé la république française, amené par les exigences de sa propre politique à laisser encore libre carrière au fédéralisme en Autriche ! C'est
le cas de se rappeler de nouveau cette force qui veut toujours le mal et qui fait toujours le bien.

Les Allemands en Autriche n'aiment pas à entendre prononcer le mot fédéralisme. C'est tout au plus si l'on peut leur
parler d'autonomie. Le principe fédératif, revêtant la forme
du dualisme, leur a déjà enlevé la domination sur la Hongrie.
Ne formant point la majorité dans toutes les provinces de
la Cisleithanie, une plus large application du principe fédératif pourrait bien finir par les déposséder encore de l'hégé-
monie en deçà de la Leitha. Mis en présence de ce danger,
les Allemands de l'Autriche menacent volontiers « d'aller à Bismarck. » Malheureusement celui-ci n'est pas aussi
prêt à les recevoir qu'ils semblent le croire. C'est une situation d'autant plus pénible pour eux, qu'ils sont profondément convaincus de leur supériorité intellectuelle, morale
et économique. Ce qui m'empêche de partager absolument
cette conviction, c'est qu'en Bohême une minorité allemande
de deux cinquièmes, aussi supérieure en lumières et en ri-
chesse, devrait bien, par la seule force morale de la liberté et
sans appui d'en haut, l'emporter sur une simple majorité
tchèque de trois cinquièmes, aussi inférieure à tous les
égards. Je ne désire pas mieux que de voir mes doutes in-
firmés par l'emploi franc et loyal de toutes les armes qu'offre
le droit moderne à toute minorité vraiment supérieure en
force morale.

VI. L'alliance franco-russe et la question de l'Alsace et de la Lorraine. Conclusion.

Les réflexions que je viens de faire sur le rapprochement
entre la Prusse et l'Autriche auront suggéré à plus d'un de
mes auditeurs l'idée de l'alliance franco-russe. Si cette mons-

truosité se réalisait jamais, la Russie aurait bien travaillé, il faudrait en convenir. Aider la Prusse à infliger à la France une somme de maux, suffisante à vaincre la répugnance de cette dernière pour l'alliance russe, quel calcul de maître ! Deux dupes d'un seul coup, les hobereaux prussiens d'abord, la France ensuite, et, en fin de compte, l'Europe payant les pots cassés ! J'espère, pour l'honneur du génie français, que cela n'arrivera jamais. Il y a une alliée plus sûre et plus digne de la France, c'est la liberté, le progrès ! Peu de temps avant 1848, la France, par le seul effet de sa vie constitutionelle, était déjà tellement relevée de ses défaites de 1813 et de 1814, que le comte de Nesselrode eut le chagrin de constater que sa situation en Europe n'avait jamais été meilleure. Cela ne veut pas dire qu'elle doive négliger d'entretenir de bons rapports avec des puissances homogènes. De plus, on ne saurait lui contester le droit de profiter des premiers embarras survenant à l'Allemagne, de quelque côté que ce soit, pour faire réintégrer les malheureuses provinces, qu'on vient de lui arracher dans leur droit imprescriptible de disposer d'elles-mêmes. Qu'on ne se trompe pas sur ce que je viens de dire. Je n'ai pas reconnu à l'Allemagne le droit d'arracher violemment à la France des provinces jadis détachées de l'Allemagne, au moyen de procédés que je m'abstiens d'examiner. Ce que je conteste à l'Allemagne dans le présent, je ne saurais l'accorder à la France dans l'avenir. Je m'en tiens fermement au droit des populations de disposer d'elles-mêmes. Il en résulte que, si l'Allemagne réussit à se concilier les sympathies de ces provinces, elles seront définitivement perdues pour la France. C'est triste à dire, parce que l'Alsace et la Lorraine, consultées sur l'heure, se rallieraient indubitablement à la France. S'il n'en est plus de même dans cinq, dix, vingt ans, ce sera le châtiment historique d'une guerre entreprise à la légère.

Cette thèse ne sera guère agréée par les partisans de la république une et indivisible. Les Alsaciens et les Lorrains soupireraient même depuis longtemps après leur réunion avec l'Allemagne, que la théorie de la république une et indivisible s'y opposerait encore. Tout en respectant cette énergie du sentiment républicain, je ne saurais me rallier à la doctrine qu'elle professe. Je suis fédéraliste ; l'unité affirmée d'en haut, contestée d'en bas n'est pas de mon goût. Que si l'on m'objectait l'unité de l'Amérique, glorieusement maintenue par le Nord, je répondrais que cette unité ne reposait pas sur des conquêtes, mais sur des engagements réciproques, librement consentis entre confédérés et qu'une minorité esclavagiste n'avait pas le droit de violer.

Voilà le point de vue que je crois devoir recommander à l'adoption de la ligue « de la paix par la liberté. » Maintenant, il ne me reste plus qu'à tirer de ce qui précède, les conclusions suivantes, afin de les soumettre à la délibération du congrès :

1º Le droit des populations de disposer d'elles-mêmes est supérieur à leur nationalité.

2º Il n'y a pas deux morales, l'une à l'usage des empereurs, rois, princes, diplomates, l'autre à l'usage du commun des mortels. Il n'y a qu'une morale, qui doit pénétrer partout, à moins de disparaître de partout.

3º Il n'y a plus défense légitime contre un agresseur qui ne peut plus se défendre.

4º L'annexion de l'Alsace et d'une partie de la Lorraine, opérée sous le prétexte d'une défense contre des dangers futurs, n'est qu'une conquête pure et simple.

Le droit de leurs populations de disposer d'elles-mêmes reste intact malgré la force qui le comprime.

APPRÉCIATION DES RÉSOLUTIONS DU CONGRÈS.

Le congrès a adopté sans modification toutes mes conclusions *internationales*, ainsi que ma quatrième conclusion *politique*. En revanche, il n'a admis les trois premières conclusions *politiques* qu'avec des amendements formulés par M. Amand Gœgg et par M. Ch. Lemonnier. Le *Bulletin officiel* ne contient pas le texte authentique de ces amendements, il se borne à en indiquer l'esprit et la tendance. Ils appartiennent à deux ordres d'idées : respect de l'autonomie de la personne humaine, et inaliénabilité de la souveraineté collective.

Je n'hésite pas à reconnaître que les réserves faites à ce double point de vue ont un fond de vrai, que j'ai du reste déjà fait ressortir par les considérations de mon rapport.

L'intimité du for intérieur de l'homme n'est pas de la compétence du suffrage universel. Aucune loi ne saurait m'obliger à professer une religion plutôt qu'une autre, ni à commettre une immoralité quelconque. Cela est applicable non-seulement à la loi de la majorité, mais encore à la loi qu'on s'est donnée soi-même. Si quelqu'un s'était engagé, même sous serment, à voler, à tuer ou à commettre quoi que ce soit d'immoral, il ferait certainement mieux de se parjurer que de tenir sa parole. En pareil conflit, le *fond* moral doit évidemment l'emporter sur la *forme* légale, contractuelle, même jurée. Mais empressons-nous d'écarter toute équivoque ; celui qui manque à la loi de la majorité, ou à sa propre parole ne sera jamais absous ni par sa propre conscience ni par l'opinion publique, s'il reste le moindre doute sur la pureté de ses intentions. Il faut qu'il y ait nécessité morale incontestable, dépourvue de toute ambition personnelle.

Passons maintenant à la *question sociale* et constatons, d'abord, que personne ne saurait être obligé de mourir de faim. Dans ma jeunesse, j'ai vu un tribunal correctionnel acquitter un homme qui avait enlevé un pain de la devanture d'un boulanger, dans les circonstances suivantes : Il était bien établi que pendant plusieurs jours l'accusé avait cherché du travail, sans en trouver. Il était également prouvé que, pendant le même espace de temps, ses enfants n'avaient rien mangé et que le pain enlevé avait été immédiatement employé par le père à calmer la faim dévorante de ses enfants. Le tribunal, refusant de reconnaître à cette soustraction un caractère de *fraude*, acquitta le prévenu, et on ne saurait qu'approuver son jugement. Mais la question sociale, envisagée dans son ensemble, ne se présente pas sous le même aspect. Elle n'a rien d'absolu ; au contraire, elle est plus discutée et elle a plus besoin de la discussion qu'aucun autre problème ; elle ne saurait trouver sa solution que par un développement successif amené par le concours de tous. Cette solution est essentiellement subordonnée à un changement de mœurs et de forces individuelles, changement qu'on n'obtiendra de fait que par la généralisation et l'amélioration de l'instruction et de l'éducation. Il faut que l'égoïsme étroit du riche diminue, et cela dans son propre intérêt ; il faut en même temps que l'intelligence de l'ouvrier augmente. En revanche, je ne reconnais à personne le droit d'imposer arbitrairement à la société une panacée quelconque, qu'il aurait la prétention d'avoir trouvée.

Quant à la question de la *république*, je suis d'accord avec les auteurs des amendements votés, qu'après l'*esclave* et le *serf* il faut aussi faire disparaître le *sujet*. Se reconnaître sujet de qui que ce soit équivaut à un abaissement de la dignité humaine. Quand une princesse et une femme du peuple accouchent chacune d'un garçon, il est aussi contraire à la nature qu'au sens commun que le garçon de la femme du peuple, qui est peut-être un génie, soit né sujet du garçon de la princesse, qui est peut-être un imbécile. Républicain convaincu depuis longtemps, je sens parfaitement ce qu'il y a d'humiliant dans un pareil état de choses. Mais à côté du *moi*, il y a le *toi*. D'autres peuvent avoir des convictions contraires aussi fortes que les miennes, et mon ami Lemonnier n'a pas le droit de prescrire au suffrage universel « le principe qu'il *doit* servir. » Le suffrage universel n'est obligé de servir personne, pas plus mon ami Lemonnier que Napoléon III. Il n'y a pas de vérité absolue, il n'y a que des vérités relatives. Le suffrage universel est son propre serviteur, de même qu'il est son propre maître. S'il fait mal ses affaires, la déception et le repentir ne tarderont pas à arriver et à amener des modifications salutaires.

Mon ami Gœgg prétend qu'on ne doit obéir au suffrage universel que dans une « vraie république. » Il lui conteste donc d'abord toute autorité, du moment qu'il fonctionne dans une monarchie. Le roi pourrait en faire autant, si la majorité prononçait contre lui. Mais ne perdons pas notre temps à discuter des dissentiments qui, en tant qu'ils se rapportent. à la monarchie, n'ont pas d'actualité. Aucune monarchie ne remplit et n'a jamais rempli toutes les conditions aux- quelles j'ai subordonné le devoir de l'obéissance au suffrage universel. Ces conditions ne sont pas même bien remplies par la république actuelle en France. Les élections supplé- mentaires de juillet ont prouvé que l'ancienne majorité n'est plus la véritable expression de la volonté du pays. Mais s'il y avait de nouvelles élections libres et que la nouvelle majorité persistât à vouloir rétablir la monarchie héréditaire, je n'hé- siterais certes pas alors à lui contester le droit d'aliéner à tout jamais la souveraineté nationale. Au contraire, je reven- diquerais pour toute nouvelle majorité mieux éclairée le droit de la reprendre tout entière. De plus, je m'associerais de toutes mes forces à ceux qui travailleraient à faire naître cette nouvelle majorité. Mais, en attendant qu'elle soit née, je n'admets pas que la minorité s'impose à la majorité par les armes. Le suffrage universel combiné avec le principe de majorité est un instrument d'instruction et de paix tellement précieux, que je ne voudrais pas le briser, fût-ce même en l'honneur de la république. Une république fondée sur le mépris de la majorité ne serait pas la « vraie république. » Elle serait le champ de bataille de toutes les ambitions et de toutes les factions violentes. Elle serait d'avance condamnée à périr et à faire mourir d'épuisement le pays qui l'aurait subie.

Je suis convaincu que les auteurs des amendements adoptés par le congrès ne se refuseront pas à reconnaître la justesse de ces observations. Si le temps ne nous avait pas manqué, nous nous serions sans doute mis d'accord sur une rédaction propre à satisfaire tous les vœux raisonnables. Mais le temps nous faisait défaut. De plus, le nombre d'hommes sérieux prenant part à nos travaux a considérablement diminué depuis le premier congrès de Genève. C'est fâcheux. Notre seule force est dans la justesse de nos idées. Si ces idées ne sont pas précises, comment alors faire une propagande efficace? Dans la question sociale nous avons du même coup affirmé « la liberté des contrats » et réclamé « une loi garantissant à l'ouvrier le produit de son travail. » Après le vote, mon ami Lemonnier s'est efforcé d'atténuer cette contradiction, qui n'en subsiste pas moins. Des lois garantissant l'exécution des contrats librement consentis, existent partout; nous n'avions donc pas besoin de les réclamer. Si au contraire la loi disait à l'ouvrier : Tu auras un tiers, et au patron : Tu auras deux tiers du produit du travail, qu'est-ce que deviendrait alors la liberté des contrats ? On peut professer le socialisme autoritaire ou le socialisme par la liberté ; mais je n'ai pas la puissance d'esprit de les embrasser tous deux à la fois. Admettons même que je me trompe, que la contradiction ne soit pas inextricable, toujours est-il qu'il y a équivoque et que l'équivoque à elle seule suffit à paralyser notre action.

Une observation encore aux démocrates de tous les pays. On a tort de nous abandonner et de nous laisser succomber à une tâche, trop lourde pour un si petit nombre de collaborateurs. Les uns se cantonnent dans leurs parlements, les autres se livrent à l'indifférence. Notre ligue a cependant de l'action sur certaines couches de la société et sur certains courants de l'opinion publique, qui ne sont pas accessibles à tout le monde et qu'il ne faudrait pas trop négliger.

Montreux, le 2 octobre 1871.